LE LENDEMAIN

DE BRUMAIRE

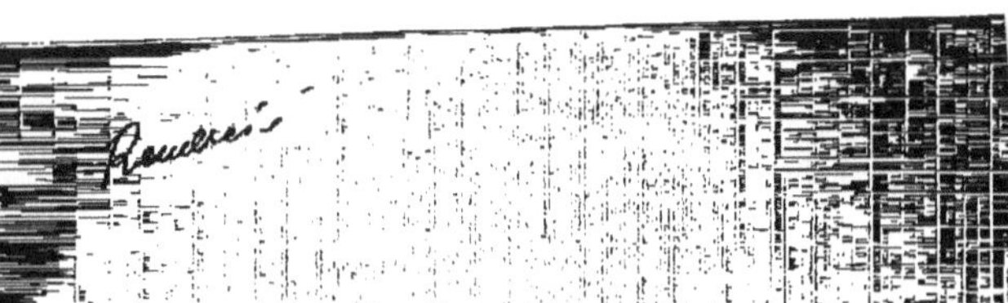

PAR

Jean DESTREM

Extrait de *La Révolution française*

(N° de Janvier 1911)

PARIS

IMPRIMERIE DE LA COUR D'APPEL

L. MARETHEUX, Directeur

1, RUE CASSETTE, 1

1911

LE LENDEMAIN

DE BRUMAIRE

PAR

Jean DESTREM

———

Extrait de *La Révolution française*
(N° de Janvier 1911)

———

PARIS

IMPRIMERIE DE LA COUR D'APPEL

L. **MARETHEUX**, Directeur

1, RUE CASSETTE, 1

—

1911

LE LENDEMAIN DE BRUMAIRE

Toujours pour essayer de reconstituer, au fur et à mesure des rencontres, le dossier documentaire du 19 brumaire, je voudrais signaler quelques pièces, nouvelles me semble-t-il, que je trouve aux Archives nationales et à celles de la préfecture de police.

C'est d'abord — Arch. nat., F⁷ 3299¹² — une lettre de Sonthonax. Le 26 brumaire an VIII, cet ancien commissaire du gouvernement à Saint-Domingue écrit à Réal :

Les journaux t'ont sans doute appris, mon cher Réal, mon arrestation ? Je suis sous les verroux et les grilles de la Conciergerie, sur un simple mandat d'amener, sans être interrogé ni écroué. Je pourrais sans doute réclamer avec confiance ton crédit auprès de Siéyès et Bonaparte pour obtenir d'eux la réparation de la sanglante injure que l'erreur fait commettre à mon égard... mais... je ne suis ni assez maltraité ni assez égoïste pour écarter les réflexions qui m'assiègent sur ce qui peut résulter de blâme et d'opprobre pour le gouvernement, relativement aux arrestations qu'on lui fait faire ; nous sommes ici quinze qui se voient pour la première fois en prison ; j'en excepte Charles Hesse et les deux ex-députés Quirot et Dorimond. Au milieu de ces prisonniers d'État, dont l'importance pourrait être au moins contrôlée, on trouve quatre malheureux ouvriers de la rue Saint-Jacques et deux de leurs femmes, âgées chacune de soixante-cinq ans. Les uns et les autres sont avec l'habit de leur atelier, sans argent, sans ressources, et à la charité des gens aisés qui suppléent à l'insuffisance de la ration par la desserte des tables. Est-ce ainsi qu'on ose compromettre un gouvernement qui a besoin de la confiance des Français? N'est-ce pas le rendre ridicule et méprisable que de diriger sa surveillance et ses rigueurs sur des individus aussi incapables de conspirer que de nuire?... Si les Consuls pouvaient les voir, ils seraient tentés de mettre à leur place ceux qui les ont désignés. Tu ne peux te faire une idée de la bêtise et de l'absurdité de cette opération : l'un des détenus, marchand de vins, a plutôt l'air du vieux Silène... que d'un conspirateur.

Je t'invite à mettre mes observations sous les yeux des Consuls. Je crois qu'il serait glorieux pour eux d'y faire droit. Adieu.

SONTHONAX.

Il semble que cette lettre, d'allures si adroite, et d'ailleurs parfaitement digne, ait eu un résultat et que Réal n'ait point osé refuser de tenter quelque chose dans le sens que Sonthonax lui indique : le lendemain, en effet, 27 brumaire, Pierre Fardel, « juge de paix de la division de la Halle-au-Blé, officier de police judiciaire du canton, opérant sur l'invitation du ministre de la police générale », se rend à la Conciergerie, « à l'effet de visiter les détenus qui y ont été déposés à raison de la journée du 18 brumaire présent mois, et de prononcer sur le sort de ceux qui ne nous paraîtraient coupables d'aucun délit ».

Il commence donc ses interrogatoires, et puis, nous ne saurions deviner pourquoi, il interrompt son opération au sixième détenu examiné. Après avoir fait signer les prisonniers questionnés, il laisse là cette minute sans la signer lui-même. Mais consultons cette pièce informe : elle nous apprend que tous les détenus à qui Fardel s'est adressé, ont été arrêtés le 21. Voici maintenant l'essentiel de ce document :

Marie-Jeanne Goutier, femme Vigoureux répond :

Qu'elle demeure à Paris, rue Jacques, n° 145, qu'elle

est détenue depuis le 24 de ce mois, en vertu d'un ordre du Bureau central, ignore le motif de sa détention, qu'elle n'a pris aucune part aux derniers événements, et qu'elle était uniquement occupée du commerce de vin de son mari.

Toussaint Vigoureux : mêmes raisons sur nos mêmes interpellations.

Angélique Bunel, femme Giffon, demeurant sur l'Estrapade, chez les C.-C. Fournier : ouvrière ravaudeuse, n'a également pris aucune part aux événements du 18 brumaire, et ne sait autre chose de son arrestation, si ce n'est qu'elle est détenue par ordre du Bureau central.

Jean-Jacques Giffon, imprimeur, garçon chez le nommé Pogné, rue Hautefeuille, demeurant même domicile que sa femme : a déclaré n'avoir pris aucune part aux événements du 18 brumaire et ne savoir autre chose de son arrestation si ce n'est que c'est par ordre du Bureau central.

Jean-Florent Corbon, fabricant de couvertures, demeurant rue Victor, n° 156 : qu'il a été arrêté le 24 de ce mois, par ordre du Bureau central, sans savoir pourquoi ; qu'il n'a pris aucune part aux événements du 18.

François Lanfumé, imprimeur en papiers, demeurant rue des Fossés-Victor, n° 32 : qu'il est arrêté depuis le 24 de ce mois, par ordre du Bureau central, sans qu'il en connaisse le motif ; qu'il n'a pris aucune part aux événements du 18 de ce mois.

On voit d'ici comme a dû se produire l'arrestation de ces braves gens : la citoyenne Vigoureux, son interrogatoire nous l'apprend, est d'Orléans ; Corbon est d'Orléans ; d'Orléans aussi est Lanfumé ; tous habitent la rive gauche, rue Jacques, l'Estrapade, rue Victor, les Fossés-Victor. C'est un petit groupe qui se réunit chez un compatriote marchand de vin, et qui a eu, le 18, la langue un peu longue devant quelque mouchard.

Aucune des six personnes dont on vient de lire l'interrogatoire n'est nommée dans l'arrêté consulaire du 20 brumaire an VIII, lequel désigne, à son article premier, un certain nombre de citoyens pour la déportation dans « le département de la Guyane française », et à son article second, un certain nombre d'autres citoyens pour être retenus « dans tel lieu » du département de la Charente-Inférieure, qui « sera indiqué par le ministre de la police générale ». Sonthonax et les trois hommes politiques qu'il nomme dans sa lettre figurent dans cet acte du 20 : Charles Hesse à l'article premier, Groscassand-Dorimond, Quirot et Sonthonax à l'article second.

J'ai, autrefois, publié un procès-verbal de Lafitte, commissaire de police de la division des Invalides, chargé par le Bureau central, à la date du 20 brumaire, de mettre à exécution sept mandats d'amener contre autant de représentants du peuple domiciliés dans sa circonscription, — Destrem, Boulay-Paty, Daubermesnil, Dessaix, Duplantier, Talot et Frizon, — et qui, du reste, ne put mettre la main sur aucun d'eux. Je conclus de cette pièce que, puisque Lafitte avait reçu des mandats contre sept députés habitant sa circonscription, il était bien probable que les autres commissaires de police avaient été munis d'ordres pareils en ce qui concernait les députés exclus, domiciliés dans leurs circonscriptions respectives, et que, par conséquent, des instructions avaient été données, le 20 brumaire, non seulement pour l'arrestation des députés désignés dans l'acte consulaire daté de ce même 20 brumaire, mais pour celle des soixante députés exclus par « la loi du 19 brumaire ». Remarquez, au surplus, que Boulay-Paty, Dessaix et Duplantier, que recherche inutilement Lafitte, ne figurent pas sur l'arrêté consulaire du 20, ce qui fortifie singulièrement mon hypothèse, puisque Lafitte n'eût pas reçu de

mandats contre eux, si les recherches se fussent bornées aux
personnes désignées dans l'acte consulaire; c'est donc en
vertu de « la loi du 19 brumaire » qu'il agit.

Quoi qu'il en soit, le 26, au moment où Sonthonax écrit
à Réal, deux députés seulement, Groscassand-Dorimond et
Quirot, paraissent avoir eu, parmi les soixante exclus du
19, la candeur de se trouver chez eux au moment de la
visite des commissaires. D'autres, parmi leurs collègues
des Anciens et des Cinq-Cents, ont-ils eu la même impru-
dence? C'est ce que nous allons voir. Remarquons d'abord
que si d'autres députés avaient été amenés à la Conciergerie
avant le 26, Sonthonax les eût probablement vus et les eût
nommés dans sa lettre; il eût tout au moins mis un *et cœtera*
à la suite des trois noms qu'il cite. Or, la Conciergerie
était, en l'an VIII, pour le Bureau central, comme aujour-
d'hui pour la préfecture de police, le « dépôt » où étaient
amenés d'abord et presque sans exception, les prisonniers
avant d'être distribués entre les diverses maisons d'arrêt.
Veut-on pourtant que la règle n'ait pas été suivie dans la
circonstance? C'est alors à peu près certainement sur le
Temple que les prisonniers eussent été dirigés. Voyons s'il
en a été ainsi.

Je rencontre (Arch. nat., F⁷ 3305) un état général de
tous les prisonniers politiques qui ont passé par le Temple
de l'an IV à l'an XI; les noms sont classés par ordre alpha-
bétique; ce sont des feuilles arrachées à un registre, et
malheureusement, ces feuilles ne commencent qu'à la
lettre G. Mais, de la lettre G à la lettre W, je ne trouve
absolument qu'un nom qui figure là à raison des événements de brumaire an VIII, c'est celui du journaliste Lebois, désigné à l'article premier de l'arrêté du 20 brumaire,
et dont voici la fiche sur l'état du Temple :

Lebois (René-François), de Paris, trente et un ans, imprimeur, rue de la Huchette, n° 80 (*suit le signalement*), entré au Temple le 23 brumaire an VIII; mis en liberté le 29 frimaire suivant.

Le registre d'écrou du Temple existe aux Archives de la préfecture de police. Pour éviter toute erreur, j'ai été le consulter, et j'y ai relevé toutes les opérations qui, de près ou de loin, peuvent avoir une relation avec les circonstances politiques du moment pour la période qui s'étend du 18 brumaire au 4 frimaire (date de l'arrêté qui rapporte celui du 20 brumaire en ce qui concerne la déportation). J'ai même continué mes relevés jusqu'à la fin de ventôse. Voici le résultat :

Rien du 18 au 22.

Le 23, écrou de Lebois, que voici :

Le général de division commandant la place de Paris, au concierge de la maison d'arrêt du Temple : « Conformément aux ordres du ministre de la pol. gén., cit., vous recevrez et garderez jusqu'à nouvel ordre le citoyen Lebois, ex-rédacteur de l'*Ami du Peuple*, prévenu de faire partie des factieux qui voulaient s'opposer aux mesures du gouvernement.

L'adjudant de place, *signé* : LABORDE.

Le 27, mise en liberté de Lebois.

8 pluviôse, écrou de Mamin, prévenu de « conspiration contre la République »; transféré à la Force le 24.

Le 10 pluviôse, écrou de Baret (François), rédacteur de l'*Ange Gabriel*, par ordre du ministre de la police. Mis en liberté le 2 ventôse.

27 ventôse, écrou de Fontainas, libraire, pour distribution « d'écrits incendiaires ».

C'est absolument tout pour ce qui nous intéresse, du 18 brumaire au 30 ventôse; pas trace de l'écrou d'un député.

Mais voici une pièce qui va nous renseigner ; c'est aux Archives de la préfecture de police un de ces registres d'inventaire où il est aisé de reconnaître la main soigneuse et consciencieuse de feu l'archiviste Labat, et que l'archiviste actuel, M. Rey, a bien voulu me permettre de consulter. Il s'agit d'un registre manuscrit relié, qui porte ce titre : « Documents à consulter pour l'histoire de la Révolution française, répertoire chronologique ». Que certains des documents ici visés aient disparu dans l'incendie de 1871, qu'importe à l'objet de la présente étude, puisque le registre est *antérieur* à l'incendie, et que la description sommaire des pièces est suffisamment claire? Chaque document est désigné : 1° par un numéro d'ordre ; 2° par sa date ; 3° par sa signification générale ; 4° par l'indication et le numéro des cartons alors existants. Nous allons voir ce que ce registre nous donne de relatif à notre recherche, du 18 brumaire au 4 frimaire (date, rappelons-le, de l'arrêté remplaçant, pour les proscrits de l'arrêté du 20 brumaire, la déportation par la surveillance dans leurs communes respectives).

18 brumaire. Rien, car nous n'avons pas à tenir compte de l'arrestation d'un citoyen Mutrecy (commissariat de l'Homme-Armé), dont on ne nous dit pas le délit, non plus que de la déclaration d'un particulier de la Butte-des-Moulins, qui annonce l'intention de réunir chez lui une société de vingt personnes.

19 brumaire. Nous notons un rapport sur un particulier qui a voulu chanter des couplets dans un théâtre (commissariat de la Butte-des-Moulins).

20 brumaire. Nous notons : Mandat d'amener contre Charles Hesse (commissariat du Temple). — Mandat d'amener contre les députés Blin et Quirot (commissariat de la Halle-au-Blé). — Recherche des citoyens Puech et

Vanhowe ; mais, ignorant le délit imputé à ces deux derniers particuliers, nous n'en ferons pas état.

21 brumaire. A noter : Arrestation de Marné, en vertu de l'arrêté des consuls (commissariat de la Fontaine-de-Grenelle). — Arrestation de Boyer, ex-secrétaire général de la police, et de Sonthonax (commissariat du Bonnet-Rouge).— Recherche des députés Guesdon, Lesage-Senault et Marquezy (commissariat du Bonnet-Rouge). — Recherche des députés Hugues Destrem, Boulay-Paty, Daubermesnil, Talot, Dessaix, Duplantier et Frizon (commissariat des Invalides). — Recherche des députés Delbrel, Goupilleau de Montaigu et Grandmaison (commissariat de la Butte-des-Moulins). — Apposition des scellés chez les députés Doche-Delisle, Soulhié, Aréna et Clemenceau (commissariat des Tuileries).

Pour Clemenceau, il est à remarquer que ce député ne figure pas dans la liste des exclus de la loi du 19 brumaire. La biographie de Leipzig, souvent bien renseignée, dit de lui, peut-être sur un avis communiqué par lui-même, ce qui est fréquent en matière de biographies de contemporains, qu'au 18 brumaire « il fut arrêté et déposé à la Conciergerie, où il ne resta qu'un jour ». Pour Delbrel, j'ai lu quelque part, je crois que c'est dans les papiers que l'on a publiés de lui, qu'il avait trouvé un asile chez Murat. Il est juste de tenir compte au beau-frère de Bonaparte de cet acte honorable.

22 brumaire. Nouvelle recherche du député Goupilleau de Montaigu (commissariat du Contrat-Social). — Arrestation du député Duplantier. Apposition de scellés chez les députés Prudhon et Joubert de l'Hérault (commissariat des Tuileries).

23 brumaire. Recherche de Marchand, ex-employé à la guerre, prévenu de conspiration (commissariat de la Fidélité).

24 brumaire. Recherche de Dubreuil, ou Dubruel, dentiste, et nouvelle recherche de Daubermesnil, député, prévenus de conspiration (commissariat de la Fidélité). Labat écrit par erreur : députés, au pluriel ; Daubermesnil a seul cette qualité.

25 brumaire. Recherche de Léclancher, prévenu de conspiration (commissariat de la Fontaine-de-Grenelle).

26, 27, 28 brumaire. Rien.

29 brumaire. Mise sous sequestre des meubles du citoyen Marquezy, député (commissariat du Bonnet-Rouge). — Arrestation de Talot, député (commissariat de la Fontaine-de-Grenelle).

30 brumaire. Recherche du cit. Bouvier, député, « compris dans l'arrêté des Consuls du 26 de ce mois ». L'arrêté du 20 n'a été en effet connu qu'après le 26 (commissariat de la Butte-des-Moulins). — Perquisition chez Marchand (commissariat de la Cité). — Apposition de scellés chez Lamberté (commissariat de Beaubourg). — Même opération chez Vanheck, propriétaire, et chez Michel, fabricant de rouge (commissariat des Droits-de-l'Homme). — Perquisition chez le député Grandmaison (commissariat de l'Homme-Armé). — Perquisition et apposition de scellés chez le député Lesage-Senault (commissariat du Théâtre-Français). — Perquisition chez Drevet, rédacteur du *Postillon* (commissariat des Tuileries). — Recherche du député Truc, « contre qui il y a mandat d'amener ». Perquisition et apposition de scellés chez le député Daubermesnil (commissariat de la Fontaine-de-Grenelle). — Recherche du député Frizon (même commissariat). — Perquisition chez le nommé Saint-Cloud (commissariat de la Place-Vendôme) ; nous ne faisons pas état de ce dernier nom, dans l'ignorance où nous sommes du délit invoqué contre le citoyen Saint-Cloud.

1er frimaire. Perquisition chez Clémence (commissariat de la Cité). — Recherche des députés Stévenotte et Gaslin (commissariat de la Fontaine-de-Grenelle).

2 frimaire. Recherche du citoyen Antonelle (commissariat de la Fontaine-de-Grenelle).

Aidé des pièces qui précèdent, nous pouvons maintenant dresser un état, provisoirement exact, des opérations de police exécutées entre le 18 brumaire et le 30 ventôse an VIII, à l'occasion du coup d'État. Ici, nous ne tiendrons pas compte des listes d'arrestations publiées dans les journaux du temps; cela nous sauvera probablement de quelques erreurs.

Parmi les soixante députés qu'exclut la « loi du 19 brumaire » : 1° sont arrêtés : Quirot et Groscassand-Dorimond (lettre de Sonthonax), Duplantier et Talot (inventaire Labat); 2° sont l'objet de mesures (recherches, perquisitions, appositions de scellés) : Blin, Guesdon, Lesage-Senault, Marquezy, Hugues Destrem, Boulay-Paty, Daubermesnil, Dessaix, Frizon, Delbrel, Goupilleau de Montaigu, Grandmaison, Doche-Delisle, Soulhié, Arena, Prudhon, Joubert de l'Hérault, Bouvier et Truc (inventaire Labat).

Parmi les députés non exclus, Clemenceau est l'objet de mesures de police (inventaire Labat).

Parmi les citoyens, sont arrêtés :

1° Charles Hesse, Sonthonax (lettre de celui-ci);

2° Femme Vigoureux, Toussaint Vigoureux, femme Giffon, Jacques Giffon, Florent Corbon, François Lanfumé (document Fardel);

3° Cinq personnes non dénommées (lettre de Sonthonax : « Nous sommes ici quinze »). Il en nomme trois, plus lui-même, au total quatre, que nous comptons plus haut. Restent onze, dont le document Fardel nous a fait connaître six ;

4° Lebois, Mamin, Barel, Fontainas (registre du Temple) ;

5° Marné, Boyer (inventaire Labat).

Parmi les citoyens, sont l'objet de mesures (recherches, perquisitions, appositions de scellés) : Marchand, Dubreuil ou Dubruel, Léclancher, Lamberté, Michel, Drevet, Clémence et Antonelle (inventaire Labat).

Tel est le résultat que j'obtiens; je suis loin de prétendre qu'il soit définitif. L'inventaire Labat lui-même n'est pas complet, et son auteur n'a pas eu de pièces sur toutes les arrestations ou perquisitions, puisque nous voyons, pour citer un exemple, que les prisonniers de la Conciergerie (dont les six interrogés par Fardel) n'y figurent pas. Il faudrait, pour tout tenir, avoir les instructions données aux commissaires de police par le Bureau central, qui va devenir la préfecture de police. Mais la préfecture de police n'a pas fait ses versements aux Archives nationales, et la majeure partie de ce qu'elle possédait a disparu dans l'incendie de 1871. Il ne lui reste que les cartons qui ont servi, dans ses caves, en 1870, à masquer la Vénus de Milo que l'on voulait, par ce procédé, soustraire aux obus et aux regards de l'ennemi. Nous ne trouvons, dans l'inventaire Labat, que les papiers des commissaires de police agissant, soit de leur initiative, soit en vertu des ordres du Bureau central; or, les commissaires paraissent avoir évolué, chacun selon son tempérament ou ses opinions, les uns avec zèle, les autres avec une significative absence de hâte. N'oublions pas que ce sont des fonctionnaires de l'ex-Directoire, et que plusieurs peuvent n'avoir éprouvé aucun désir de se mettre en avant contre les hommes du parti républicain. Si le Bureau central a oublié de les talonner, — nous savons pourtant que le commissaire

Lafitte, des Invalides, a verbalisé en vertu des instructions du Bureau, pour sept représentants, — ils ont pu juger tout au moins prudent de ne pas s'engager à fond dans ce qui pouvait encore, à cette date, n'être qu'une aventure. Ce n'est assurément pas Fouché qui les aura tracassés sur ce point : tout ce que contiennent, aux Archives nationales, non pas les cartons de la préfecture, lesquels n'y sont pas, mais ceux du Ministère de la police générale, nous montre dans le Fouché du moment un ministre surtout anti-royaliste ; pendant plusieurs années encore la note la plus dangereuse pour un prisonnier d'État sera d'être un chouan ou un émigré non rayé. Ce n'est qu'un peu plus tard que les Piis, les Desmarest, les Patrice, les Bertrand, les Dubois prendront le vent, et activeront les mesures contre les « exclusifs ».

Je suis donc disposé à penser — réservant toutefois ce que l'avenir nous permettra de découvrir — que les opérations contre les républicains, immédiatement après Brumaire, n'ont guère porté que sur cinquante ou soixante noms. En l'an IX seulement la véritable proscription commencera.

Ce n'est pas m'écarter du titre de cet article que de noter ici un petit document sans date (AF₁v, 1457, Archives nationales), signé Davelouis, rue d'Antin, n° 5, et dont voici le début :

Le soussigné, père de quatre enfants, dont trois garçons, ayant servi avec honneur et probité aux armées, comme directeur des vivres, sollicite pour son fils, Auguste Sébastien Davelouis, âgé de treize ans, en pension à Saint-Germain depuis quatre ans, l'admission au nombre des pages de Sa Majesté l'empereur. Il considérera cette faveur comme une récompense des services réels et reconnus qu'il a rendus aux armées, notamment au 18 brumaire. L'armée était alors sans subsistances et dans la plus affreuse pénurie de fonds. Le soussigné, plein d'admiration pour le héros qui sauva sa patrie, soutint le service de l'armée de sa propre fortune, non comme entrepreneur, mais comme agent du gouvernement jusqu'au 30 nivôse.

C'est tout ce que je sais de l'incident invoqué par Dave-louis, qui se recommande du général Murat pour appuyer sa pétition.

Paris. — L. MARETHEUX, impr., 1, rue Cassette. — 6748.